AF224034

DISCOURS

PRONONCÉ A LA

DISTRIBUTION SOLENNELLE DES PRIX

DU

LYCÉE IMPÉRIAL LOUIS-LE-GRAND

le 7 Août 1869

PAR

M. BEAUJEAN,
Professeur de sixième.

CHERS ÉLÈVES,

J'avais pensé jusqu'à ce jour que notre petite distribu-
tion des prix était une institution parfaite de tous points.
En entendant d'une part la parole de vos maîtres, de
l'autre les cris de joie dont vous saluez les vainqueurs et
par delà les vainqueurs, la perspective des vacances, je
trouvais que cette fête réunissait dans une juste mesure le
devoir et le plaisir. Chargé aujourd'hui de prendre la parole à mon tour, d'auditeur devenu orateur, je change un
peu d'avis en changeant de rôle. Mais un usage antique
veut qu'avant de nous séparer, nous vous entretenions
quelques instants : causons donc d'un sujet qui ne soit pas
trop grave, et qui pourtant vous rappelle quelques-uns
des devoirs que vous avez à remplir dans votre vie d'écoliers, ou que vous rencontrerez plus tard, quand vous se-
rez devenus hommes.

Vous n'êtes encore qu'au début de vos études, et déjà vous connaissez tous le nom de Racine ; beaucoup d'entre vous ont déjà même la mémoire ornée de ses vers. Quoique votre âge ne vous permette pas encore d'apprécier toute la valeur de ces chefs-d'œuvre, vous entrevoyez cependant toute la grandeur du poëte. Dans la suite de vos études, à mesure que s'éveillera et grandira en vous le sentiment du beau, des maîtres plus autorisés vous parleront de cette poésie inimitable, et vous apprendront à l'admirer en connaissance de cause. Mais, en attendant, il est un côté par lequel Racine est dès maintenant accessible à vos jeunes esprits ; c'est par ce côté que je voudrais vous le faire connaître. Je voudrais, laissant le poëte, vous parler seulement de l'homme, surtout du père, et vous le représenter au milieu de sa famille, tel qu'il s'est peint lui-même dans ses lettres.

Racine avait trente-huit ans ; il avait donné tous ses chefs-d'œuvre à la scène, sauf deux qui vous sont plus particulièrement connus, Esther et Athalie, lorsque subitement il renonça au théâtre. Ce poëte, dont le génie est maintenant si incontesté, avait été l'objet des plus vives attaques, et avait vu chacune de ses pièces déchirée par ses rivaux et ses ennemis. Cette lutte incessante était au-dessus de ses forces ; atteint au cœur, il fut rendu par les déceptions aux scrupules et aux repentirs chrétiens ; la religion dont il avait été nourri dans sa jeunesse reprit ses droits sur lui, et l'arracha à une profession *peu honorable devant les hommes,* disait-il, et *horrible devant Dieu.*

Cette rupture de Racine avec le théâtre fut confirmée par deux grands événements, sa nomination aux fonctions d'historiographe du roi et son mariage. Racine et son ami Boileau furent chargés d'écrire l'histoire du règne de

Louis XIV, et pour remplir dignement leur emploi furent
obligés de fréquenter la cour et de suivre le grand roi
dans les camps et même à la tranchée, tous lieux peu fa-
vorables à la muse.

Mais le mariage de Racine éleva surtout une barrière in-
franchissable entre le poëte et le théâtre. La femme qu'il
avait choisie n'était pas une de ces femmes brillantes par
les dons de l'esprit, telles qu'en 'a produit le dix-septième
siècle; ce n'était pas une Sévigné. Les quelques lettres que
nous avons d'elle n'annoncent pas un esprit cultivé, et par
leur orthographe plus qu'irrégulière et insuffisante même
pour ce temps où on y attachait peu d'importance, elles
feraient sourire les plus faibles d'entre vous. Mais
madame Racine réalisait le type de la femme telle que Molière venait de la peindre :

> Former aux bonnes mœurs l'esprit de ses enfants,
> Faire aller son ménage, avoir l'œil sur ses gens
> Et régler la dépense avec économie,
> Doit être son étude et sa philosophie.

Il est probable qu'elle savait très-bien distinguer un pour-
point d'avec un haut-de-chausses; mais elle ne savait pas
la différence d'une rime masculine et d'une rime fémi-
nine, après avoir vécu vingt ans avec un maître tel que
Racine. Bien plus, elle ne connut ni par les représenta-
tions, ni par la lecture les tragédies auxquelles elle devait
s'intéresser; elle en apprit seulement les titres par la conversation.

« On peut comprendre, dit Louis Racine, le fils respec-
» tueux de cette excellente mère, qu'un homme, quoique
» passionné pour les amusements de l'esprit, préfère à

» une femme enchantée de ces mêmes amusements et
» éclairée sur ces matières, une compagne uniquement
» occupée du ménage, ne lisant de livres que ses livres de
» piété, ayant d'ailleurs un jugement excellent et étant
» d'un très-bon conseil en toutes occasions. »

Tel est, avec l'affection paternelle, le secret du charme
qui attirait et retenait Racine à son foyer domestique.
C'est près de cette femme d'une grande égalité d'âme,
d'une tranquillité d'humeur inaltérable, qu'il trouvait le
repos dont il avait besoin. C'est au sein de sa famille qu'il
venait, comme il l'a dit lui-même, « goûter le plaisir de
se faire oublier. » Suivons-le donc dans son logis de la
paisible rue des Maçons-Sorbonne, à deux pas d'ici, ou de
la rue des Marais-Saint-Germain, modestes rues que le
temps a épargnées jusqu'à nos jours, mais dont on vient
de changer les noms illustrés par Racine en ceux de Cham-
pollion et de Visconti.

Racine avait sept enfants, deux garçons et cinq filles.
Rassurez-vous, je ne vous parlerai que des deux fils, qui
furent le premier et le dernier de la famille. Je vous ai
déjà dit que Racine, nommé historiographe, avait dû
suivre le roi, et se séparer souvent de tout ce qu'il aimait; plus tard, quand le père vieillissant obtint la per-
mission de rentrer au foyer domestique, ce fut le tour
au fils aîné de l'abandonner. C'est à ces deux séparations
que nous devons un recueil de lettres, qui tantôt nous
dévoilent dans toute sa noble simplicité le cœur de ce
père de famille, tantôt nous rappellent par de sublimes
éclats le poëte d'autrefois et surtout le poëte religieux
d'Esther et d'Athalie. C'est là qu'il a épanché les sentiments tendres et passionnés que recélait son âme. La
poésie qu'il avait condamnée y trouvait une issue, y

transpirait par une voie insensible. On dirait ces eaux
que l'on voit parfois sourdre mystérieusement au milieu
des ruines d'un ancien parc, sous les débris des bassins
de marbre qu'elles remplissaient jadis. Ecoutez ces belles
paroles adressées à son fils, :

« Je n'ai osé demander si vous pensiez un peu au bon
» Dieu, et j'ai eu peur que la réponse ne fût pas telle que
» je l'aurais souhaité ; mais enfin je veux me flatter que,
» faisant votre possible pour devenir un parfait honnête
» homme, vous concevrez qu'on ne peut l'être sans rendre
» à Dieu ce qu'on lui doit. Vous connaissez la religion, je
» puis dire même que vous la connaissez belle et noble
» comme elle est, et il n'est pas possible que vous
» ne l'aimiez. Pardonnez-moi si je vous mets quelquefois
» sur ce chapitre : vous savez combien il me tient à cœur,
» et je vous puis assurer que plus je vais en avant, plus
» je trouve qu'il n'y a rien de si doux au monde que le
» repos de la conscience, et de regarder Dieu comme
» un père qui ne nous manquera pas dans tous nos be-
» soins. »

Dans ces belles paroles, c'est le chrétien qui parle, c'est
le fervent disciple de Port-Royal. Pour lui, la religion est
la grande, l'unique affaire ; elle remplit toutes ses lettres,
comme elle remplit son cœur. Mais, dans l'intérêt de son
fils, il a encore quelque attache au monde : il faut qu'il
guide ce jeune homme sur cette route dont il connaît les
dangers ; il faut qu'il mette au service de sa tendresse
paternelle sa vieille expérience de la cour et de la vie.
Alors nous voyons revivre le poëte, pour qui le cœur
n'avait pas eu de secrets ; et il laisse échapper, comme en
passant, sur la nature humaine des traits dignes d'un La
Bruyère.

« Ne croyez pas, dit-il, que ce soient mes vers qui m'at-
» tirent toutes les caresses dont quelques grands seigneurs
» m'accablent. Corneille fait des vers cent fois plus beaux
» que les miens, et cependant personne ne le regarde. On
» ne l'aime que dans la bouche de ses acteurs ; au lieu
» que, sans fatiguer les gens du monde du récit de mes
» ouvrages, dont je ne leur parle jamais, je me contente
» de leur tenir des propos amusants et de les entretenir
» de choses qui leur plaisent. Mon talent avec eux n'est
» pas de leur faire sentir que j'ai de l'esprit, mais de leur
» apprendre qu'ils en ont. »

Ce n'est pas un professeur parlant devant des élèves qui
doit oublier les leçons que Racine donnait à son fils. Non
content de lui indiquer les auteurs qu'il devait étudier,
de lui demander compte de ses lectures, il corrigeait ses
versions, et notait dans ses lettres les expressions mau-
vaises avec le soin minutieux d'un maître de grammaire.

Je vous étonnerai beaucoup en vous disant qu'il lui re-
proche comme un terme pris dans la Gazette de Hollande
et ne valant rien le mot de *recruter*. Depuis, le mot a bien
acquis droit de bourgeoisie.

Ailleurs, il lui adresse une petite observation dont plus
d'un d'entre vous pourra faire son profit : « Vous voulez
» bien, dit-il, que je vous fasse une petite critique sur un
» mot de votre dernière lettre : *Il en a agi avec toute la
» politesse du monde;* il faut dire *il en a usé.* On ne dit
» point *il en a bien agi,* et c'est une mauvaise façon de
» parler. »

Voyez encore avec quelle délicatesse il lui glisse cet
autre conseil qui aurait pu blesser l'amour-propre d'un
fils de vingt ans, devenu un homme de conséquence, et
cité, à ce qu'il paraît, dans la Gazette de Hollande. « Vous

» voulez bien que je vous dise en passant que quand je
» lis une de vos lettres à M. Despréaux, j'ai soin d'en
» retrancher les mots *d'ici*, *de là*, et *de ci*, que vous ré-
» pétez jusqu'à sept à huit fois dans une page. Ce sont de
» petites négligences qu'il faut éviter. »

Enfin, oserais-je l'avouer, il ne dédaigne même pas de
lui dire qu'il lui ferait plaisir de s'attacher à son écriture.

Mais j'ai hâte de vous ramener à la rue des Maçons-Sorbonne dont je ne vous ai dit qu'un mot, et de vous in-
troduire dans ce logis dont les douceurs valaient mieux
aux yeux de Racine que la faveur du roi et tout ce qu'il y
avait de grand en France par le rang ou le génie. Les plus
petits faits, quand on parle de certains hommes, intéres-
sent. Nous aimons à retrouver dans ceux que la gloire a
élevés au-dessus du vulgaire, ces affections pures et
simples, ces vertus modestes de la vie privée qui les rap-
prochent des autres hommes.

Des sept enfants de Racine, le fils et la fille aînés ont eu
seuls le privilége de conserver leur nom dans la famille ;
c'est une sorte de droit d'aînesse. Les noms des autres
enfants ont tous subi ces altérations familières et pleines de
charme qui sont propres à l'enfance : Anne s'appelle
Nanette, Elisabeth Babet, Françoise Fanchon, et Madeleine
Madelon. Chacune d'elles a sa physionomie propre : l'une
est d'une humeur douce, bonne et dévouée comme la
mère ; l'autre a une âme ardente et mobile comme son
père, dont elle est l'enfant de prédilection ; celle-ci est
vive, railleuse, raisonne sur tout avec un esprit qui sur-
prend, écrit les plus jolies lettres du monde ; celle-là édifie
la maison par sa piété et attend avec impatience le mo-
ment de se consacrer à Dieu.

Mais le roi de la famille est le dernier venu, le Ben-

jamin, Louis Racine, le futur auteur du *Poëme de la Religion*; son petit nom d'enfance est Lionval. Il a six ans ; il
est très-joli, fort éveillé ; père, mère, sœurs, tous s'empres-
sent autour de lui. Dans chaque lettre de Racine le père à
son fils aîné, il est parlé de Lionval. Un jour, le petit frère
est tombé la tête dans le feu, et sans la mère qui l'a relevé
sur-le-champ, il aurait eu le visage tout perdu. Un autre
jour, il est fort enrhumé et ne fait que tousser. Dans tous
les jeux, il est le principal personnage : joue-t-on à la
procession, les sœurs sont le clergé, l'auteur d'Athalie,
chantant avec ses enfants, porte la croix, et Lionval est
le curé.

A mesure que Racine vieillissait, et qu'il ressentait les
atteintes du mal qui devait l'emporter avant soixante ans,
il s'attachait de plus en plus à cette vie de famille. Il re-
nonçait peu à peu aux voyages de Versailles et de Marly,
et ne se plaisait plus que près de sa femme et au milieu de
ses enfants. Les seules récréations de cet intérieur paisible
étaient le pain bénit rendu à Saint-Sulpice, les deux
petites filles venant apporter à leur père un bouquet pour
sa fête. C'était encore un repas où l'on faisait meilleure
chère qu'à l'ordinaire.

« Racine revenait un jour de Versailles, lorsqu'un
» écuyer de M. le Duc (le petit-fils du grand Condé) vint
» lui dire qu'on l'attendait à dîner à l'hôtel de Condé. Je
» n'aurai pas l'honneur d'y aller, lui répondit-il ; il y a
» huit jours que je n'ai vu ma femme et mes enfants, qui
» se font une fête de manger aujourd'hui avec moi une
» très-belle carpe ; je ne puis me dispenser de dîner avec
» eux. L'écuyer lui représenta qu'une compagnie nom-
» breuse, invitée au repas de M. le Duc, se faisait aussi
» une fête de l'avoir, et que le prince serait mortifié s'il

» ne venait pas. Alors Racine fit apporter la carpe, et la
» montrant à l'écuyer, il lui dit : Jugez vous-même si je
» puis me dispenser de dîner avec ces pauvres enfants,
» qui ont voulu me régaler aujourd'hui, et n'auraient plus
» de plaisir s'ils mangeaient ce plat sans moi. »

Le tableau de la famille ne serait pas complet, si je n'y
plaçais un personnage qui mérite d'y figurer au premier
plan. Je veux parler de Boileau. L'amitié de Boileau et de
Racine qui commença dès leur jeunesse ne finit qu'avec
leur vie. Boileau, qui ne se maria point, avait pour ainsi
dire adopté la famille de son ami. Lorsque les fonctions de
Racine le tenaient éloigné des siens, c'était Boileau qui le
remplaçait et qui surveillait les études du fils de son ami
avec toute la sollicitude d'un père. Le correspondant em-
menait son élève à la campagne d'Auteuil, et là dans de
longues promenades il prenait plaisir à lui former l'esprit
par sa conversation.

Ces entretiens, pour être sérieux, n'en plaisaient pas
moins au jeune élève de rhétorique ; il en était même un
peu fier. Aussi son père, qu'il tenait au courant de tous
ces détails, lui répondait : « J'approuve fort vos prome-
» nades d'Auteuil, et vous m'en rendez un fort bon
» compte. Mais faites bien concevoir à M. Despréaux
» combien vous êtes reconnaissant de la bonté qu'il a de
» se rabaisser à s'entretenir avec vous. »

Quand avec les années l'élève devenu homme partit
pour la Hollande avec l'ambassadeur de France, le sou-
venir de son ancien correspondant revint souvent dans ses
lettres, et il ne négligea pas une occasion de lui marquer le
ressentiment qu'il avait de ses bontés. Boileau, de son côté,
demandait toujours de ses nouvelles. Aussi Racine lui
montrait ou lui lisait, non toujours fidèlement comme

vous le savez par son propre aveu, les lettres de son fils
Jean : cette lecture ravissait, attendrissait les deux vieux
amis, et ils admiraient leur enfant avec la satisfaction d'un
père.

Mais les plus grands jours de fête pour Boileau étaient
ceux où il recevait toute la famille Racine dans sa maison
d'Auteuil. Ces jours-là ce n'était plus l'*hôtellerie*, comme
l'appelait Racine toujours un peu enclin à la raillerie. Ce
n'étaient plus les joyeux conviés que le maître y héber-
geait d'ordinaire, Molière, La Fontaine, et tant d'autres
moins illustres, qui devaient égayer le repas par des propos un peu libres. La maison prenait un air calme et honnête pour accueillir cette belle et nombreuse famille.

N'allez pas croire pour cela que la gaieté fût bannie de
la compagnie. C'était le meilleur homme du monde que
le satirique Boileau ; il aimait les enfants et était de tous
leurs jeux. Il avait pour Lionval une affection particu-
lière ; il mettait pour lui plaire tous ses talents en œuvre,
ou plutôt l'un de ses deux talents ; car, disait-il : « Il faut
» avouer que j'ai deux grands talents, aussi utiles l'un que
» l'autre à la société et à un État : l'un de bien faire des
» vers, l'autre de bien jouer aux quilles. » Il paraît qu'en
effet il excellait à ce jeu, et son jeune adversaire lui rend
le témoignage que souvent il l'a vu abattre toutes les neuf
quilles d'un seul coup de boule.

Après la partie de quilles, venait la promenade dans le
Bois de Boulogne, ou la visite à la foire. C'est une de ces
visites que Racine, l'historiographe du roi, raconte en ces
termes à son fils l'attaché d'ambassade : « Votre mère
» mena hier à la foire toute la petite famille. Le petit Lion-
» val eut belle peur de l'éléphant, et fit des cris effroyables
» quand il le vit qui mettait sa trompe dans la poche du

» laquais qui le tenait par la main. Les petites filles ont
» été plus hardies, et sont revenues chargées de poupées
» dont elles sont charmées. »

On se faisait un jeu de la poltronnerie du pauvre Lionval ; car Boileau, qui venait sans doute de lire *les Contes de
ma mère l'Oie*, nouvellement parus, eut un jour l'idée de
renouveler la scène du Petit Poucet. Il mena Lionval et
Madelon dans le bois de Boulogne, badinant avec eux, et
disant qu'il voulait les perdre. Heureusement la compagnie les alla rejoindre et mit fin aux larmes de ces pauvres
enfants.

Mais n'allons pas oublier, même pour parler de Boileau,
le conseil qu'il a donné de savoir se borner, ne retardons
pas plus longtemps le plaisir que nous promet la parole
éloquente du maître vénéré, de l'écrivain distingué qui
préside cette solennité. Si même déjà je me suis trop laissé
aller au plaisir de citer et trop complu dans mon travail de
mosaïque, vous me pardonnerez, en songeant, par un re-
tour sur vous-mêmes, à ces enfants, qui, se promenant sur
une plage, ramassent un coquillage, puis un autre, trou-
vant toujours le second plus beau que le premier.

Je ne sais, pour conclure, si vous pensez comme moi, et
si j'ai réussi à faire passer en vous les sentiments que m'a
inspirés la lecture de la correspondance de Racine ; mais
ne vous semble-t-il pas que l'homme est aussi grand que
le poëte, que ses simples lettres n'ont rien à envier à ses
tragédies, et qu'enfin son modeste foyer jette un éclat com-
parable aux splendeurs de son théâtre ? C'est que l'accom-
plissement du devoir relève, ennoblit tout. L'an dernier,
à cette place, mon collègue et ami, M. Lemaire, vous par-
lait du devoir ; je n'ai fait aujourd'hui qu'apporter un
exemple à l'appui de la doctrine qu'il vous proposait avec

sa paternelle autorité. Le devoir est la loi commune : les plus grands génies n'en sont pas plus exempts que les écoliers, et si les paresseux n'ont pas toujours la force d'obéir à cette loi, ils ne la peuvent nier, la voyant si bien pratiquée autour d'eux dans leur famille et au lycée.

Ne voyez-vous pas chaque jour vos maîtres apporter, dans leurs modestes fonctions, un dévouement sans bornes dont vous ne leur savez pas toujours gré? Ne voyez-vous pas à leur tête notre nouveau chef, qui, pour se consacrer à vous, a quitté un brillant enseignement qu'il aimait, et peut-être renoncé à d'autres travaux plus chers encore que nous attendions de lui. Travaillez donc, chers élèves; préparez-vous à remplacer vos aînés, à soutenir dans les concours la vieille réputation de cette maison, et en ce jour, maîtres et élèves, jurons tous à notre nouveau chef qu'il retrouvera comme proviseur les succès qu'il a eus comme élève et comme professeur.

Paris. — Imprimerie de E. DONNAUD, rue Cassette, 9.